Albert Camus

LA PESTE

Vocabulaire et documents

par Monique Le Hir-Egle

Ernst Klett Verlag

Albert Camus, La Peste, Vocabulaire et documents

Herausgegeben von Monique Le Hir-Egle, Konstanz
unter Mitwirkung der Verlagsredaktion Neue Sprachen.
Mitarbeit an diesem Werk: Dr. Hartmut K. Selke, Verlagsredakteur.

Seiten- und Zeilenverweise beziehen sich auf die in der Collection Folio (Gallimard) erschienene Ausgabe (Klettbuch 59721).

ISBN 3-12-597220-5

1. Auflage 1 6 5 4 3 | 1992 91 90 89

Die letzte Zahl bezeichnet das Jahr dieses Druckes.

Umschlaggestaltung: Hans Lämmle, Stuttgart.
Druck: Gutmann + Co, Heilbronn. Printed in Germany.

Table des matières

Préface

Ce livret présente le **vocabulaire d'un choix d'extraits** de *La Peste* qui constituent un texte de référence de quatre-vingt pages environ. Ces extraits rendent compte des diverses dimensions de *La Peste*, roman réaliste, allégorique et didactique. Désireux de respecter les intentions de Camus, c'est au «sens profond» du livre, sens délivré par les personnages (*Carnets*, II, p. 69), que nous avons donné la préférence. Les passages illustrant les préoccupations philosophiques, morales et politiques de Camus sont mis par conséquent au premier plan tandis que la chronique de l'épidémie occupe une place secondaire. Les événements relatifs au fléau sont donc parfois rapportés sous forme de **résumés reliant les extraits** sélectionnés.

Guidés par un souci de réalisme, nous avons fait un choix qui prend en considération les capacités de lecture des élèves face à une œuvre complexe quant au contenu et au style.

Certains aspects dont l'analyse suppose un travail de repérage et de regroupement à travers l'ensemble du roman pourront être abordés dans le cadre d'activités complémentaires, exposés ou travaux dirigés. Nous songeons par exemple à des personnages n'apparaissant que de façon épisodique tels que le vieil asthmatique et Cottard dont on pourrait étudier la fonction en tenant compte de l'ensemble du roman. D'autres aspects pourraient également faire l'objet de recherches approfondies, ainsi les réactions collectives accompagnant les phases de l'épidémie; le rôle détenu par les femmes, présentes ou absentes; enfin l'attitude des autorités face à la peste et les mesures administratives.

L'élève disposant du texte intégral publié dans l'édition de poche, l'enseignant a, à tout instant, la possibilité d'élargir son étude à d'autres points, d'approfondir tel ou tel aspect et d'adapter le cours au niveau et aux aspirations de sa classe.

Les **textes complémentaires** en annexe pourront être insérés au cours et permettront d'approfondir l'analyse littéraire en donnant la parole à l'auteur et aux critiques. Ces documents ont été choisis dans la perspective d'une recherche pluridisciplinaire alliant l'histoire, la réflexion éthique et la psychanalyse.

Vocabulaire et résumés

Les renvois aux pages et aux lignes se réfèrent à l'édition «Folio» (Klettbuch 59721).

7 Epigraphe de Daniel De Foë (1660–1731): Cette phrase est tirée du *Journal de l'année de la Peste* (1722) de Daniel De Foë.

I

p. 11–p. 14

11 5 **une préfecture** ville où se trouvent installés les services administratifs d'un département – 10 **sous toutes les latitudes** dans n'importe quelle région (in allen Breiten) – 12 **le froissement** Rascheln – 18 **incendier** mettre en feu – 19 **la cendre** restes de ce qui a été brûlé – 20 **un volet** planche de bois ou de métal qui ferme une fenêtre de l'extérieur – 21 **un déluge** une énorme quantité de (Flut)

12 1 **frénétique** avec enthousiasme et ardeur – 2 **un concitoyen** habitant d'une même ville – 14 **un vice** défaut grave (Laster) – 15 **un boulomane** joueur de boules passionné – 16 **une amicale** association de personnes ayant la même profession ou la même activité – 19 **en somme** en définitive – **un contemporain** personne vivant à cette époque – 22 **le bavardage** action de parler beaucoup – 30 **dévorer** consumer; *ici:* s'aimer avec passion – 34 **faute de** par manque de

13 5 **l'insignifiance** *f* banalité – 6 **le crépuscule** Abenddämmerung – 8 **un piège** appareil qui sert à prendre certains animaux, les souris par ex. – 9 **crépiter** faire entendre une série de bruits secs – 11 **une traite** gezogener Wechsel – **un connaissement** reçu de marchandises expédiées par voie maritime (Seefrachtbrief) – 12 **un escompte** Skonto, Rabatt – 16 **au demeurant** d'ailleurs – 21 **sous cet angle** de ce point de vue – 24 **l'estime** *f* respect – 25 **le pittoresque** ce qui charme par son aspect original – 27 **se greffer sur** s'implanter – 31 **une baie** petit golfe (Bucht)

14 1 **tenir compte de** prendre en considération – 8 **le titre** *ici:* le droit – 9 **mettre qn à même de faire qc** lui permettre de faire qc – 10 **une déposition** témoignage – 19 **puiser** *ici:* se servir – 22 **la relation** le fait de raconter, témoignage – 23 **la minutie** [minysi] exactitude

Dans le courant du mois d'avril, le docteur Bernard Rieux, protagoniste de *La Peste,* découvre plusieurs rats morts, l'un sur le palier de son cabinet, l'autre dans le corridor de son immeuble, une douzaine enfin dans les quartiers pauvres de la ville. C'est à cette époque qu'il doit se séparer de sa femme. Celle-ci, malade depuis un an, est contrainte de faire un séjour dans un sanatorium en montagne. La mère du docteur, Mme Rieux, arrive pour s'occuper de la maison de son fils, en l'absence de la malade.

p. 18, l. 27–p. 20, l. 4

18 27 **la consultation** moment où un médecin reçoit ses malades
19 1 **une condamnation** *ici:* accusation – 4 **le fondement** raison, justification – 11 **Saint-Just,** Louis de (1767–1794): membre de la Convention, assemblée révolutionnaire, et ami de Robespierre. Saint-Just était connu pour l'intransigeance de ses jugements – 14 **lassé,e** découragé – 15 **le goût** *ici:* amour – **les semblables** *m* les autres hommes – 32 **les sourcils** [sursi] *m* Augenbrauen – 35 **une convulsion** tremblement de tout le corps – 36 **crever** mourir (se dit d'un animal)
20 1 **agaçant,e** énervant

La situation va en s'aggravant. On découvre de plus en plus de cadavres de rats que la municipalité ordonne de détruire. Ces mesures s'avèrent insuffisantes et l'on assiste à un envahissement progressif de rats qui viennent mourir jusqu'au centre de la ville. Le concierge, M. Michel, meurt dans d'horribles souffrances. Cottard, un individu médiocre, tente de se suicider sans indiquer les motifs de son acte. La mort de M. Michel provoque l'effroi, puis la réflexion des Oranais, qu'observe un étranger à la ville, Jean Tarrou. Tarrou se met à prendre des notes sur les diverses réactions des habitants: l'indifférence, la frayeur, le sang-froid parfois ou au contraire l'indignation.

L'enquête sur les raisons du suicide manqué de Cottard n'avance guère: Cottard, dont on ne connaît qu'un ami, Grand, employé de mairie, s'enferme dans le silence. Pendant ce temps les cas mortels se multiplient. Rieux doit se rendre à l'évidence: la peste a envahi Oran.

p. 41–p. 44

41 3 **un(e) narrateur,-trice** celui qui relate l'histoire – 6 **un fléau** grand malheur, calamité publique (Geißel, Landplage) – 10 **dépourvu,e** mal préparé
42 1 **modeste** qui n'exige pas trop – 6 **supprimer** détruire – **le déplacement** action de changer de lieu, voyage – 10 **une poignée** un petit nombre (Handvoll) – **dispersé,e** en divers endroits (verstreut) – 11 **sans avertissement** ohne Vorwarnung, einfach so – 16 **l'écœurement** *m* dégoût – 26 **Constantinople** ancien nom d'Istanbul – **Procope** historien grec du VIe siècle qui relata les ravages accomplis par la peste à Constantinople – 36 **Canton** ville et port de Chine – 39 **approximatif,-ve** qui s'approche de la réalité sans être absolument exact
43 7 **la stupeur** état d'immobilité, de léthargie – **la prostration** état de faiblesse, d'inactivité – 8 **un bubon** Drüsengeschwulst, Pestbeule – 9 **l'écartèlement** *m* déchirement, douleur insupportable – 12 **une énumération** liste – 13 **filiforme** très faible – 17 **imperceptible** qu'on ne peut percevoir (unmerklich) – 23 **modérément** moyennement – 24 **bourdonnant,e** faisant entendre un bruit sourd, confus et continu – 26 **morne** triste – 27 **nier** contredire – 29 **un agonisant** personne en train de mourir

– 30 **un bagnard** personne condamnée aux travaux forcés – **empiler** mettre en tas – 31 **dégoulinant,e** rendu liquide par le soleil – 32 **Jaffa** ville et port d'Israël, où sévit la peste en 1799 – 33 **hideux,-se** très laid, horrible – **un mendiant** personne qui demande l'aumône (Bettler) – **pourri,e** détruit par l'humidité – 35 **un crochet** Haken – 36 **l'accouplement** *m* union sexuelle – 38 **épouvanté,e** terrifié

44 3 **réfuter** *contr. de* confirmer; contredire, s'opposer à – 5 **un damier** Damebrett – **terne** sans éclat (trübe) – 7 **un bûcher** Scheiterhaufen – 8 **Lucrèce** poète latin (98–55 av. J.-C.) – 11 **une torche** flambeau tenu à la main (Fackel) – 12 **sanglant,e** qui fait couler le sang – 18 **un vertige** *fig* trouble momentané de l'esprit – 30 **s'enfler** croître

Le docteur Rieux est interrompu dans ses réflexions par la venue de Joseph Grand, employé à la mairie, que l'on a chargé d'établir une statistique des décès.

p. 47, l. 7–p. 49

47 12 **la gencive** chair qui entoure les dents – **en revanche** par contre – 16 **raser** *fig* passer très près de – 22 **une taxe** prix de certains services – **les ordures** *f* Müll – 23 **pour un esprit non prévenu** pour qn qui ne le savait pas d'avance – 24 **indispensable** absolument nécessaire – 25 **un auxiliaire** employé travaillant à titre provisoire, donc non fonctionnaire – **municipal,e** de la ville – **temporaire** qui n'exerce ses activités que pour un temps – 30 **la licence** examen que l'on passe au bout de trois années d'études à l'université (erstes Staatsexamen) – 32 **la titularisation** le fait d'obtenir un emploi durable et un titre – 38 **se porter garant de** assurer

48 1 **partant** par conséquent – 2 **un remords** ce qu'on éprouve quand on se reproche une mauvaise action – 8 **démesuré,e** qui dépasse la mesure ordinaire – 9 **dérisoire** insuffisant, ridicule – 10 **s'aviser de qc** s'apercevoir, prêter attention – 16 **au demeurant** au reste (übrigens) – 22 **méditer** réfléchir longuement – **une démarche** action qui est nécessaire pour réussir une affaire – 26 **réclamer son dû** demander son droit – 27 **revêtir** prendre – **la hardiesse** assurance, audace – **compatible** qui s'accorde à (vereinbar) – 29 **la bienveillance** Wohlwollen – **solliciter** prier qn de faire qc – 30 **la gratitude** reconnaissance – **se concilier** s'accorder

49 4 **délivrer** libérer – 10 **l'attachement** *m* amitié, affection

Le lendemain, le docteur Rieux demande la réunion d'une commission destinée à prendre des mesures sanitaires rigoureuses. Le préfet et les médecins se réfugient dans une dispute terminologique, se refusant à appeler la peste par son nom. Rieux et son confrère, le vieux docteur Castel réussissent à leur faire admettre qu'il s'agit non d'«une question de vocabulaire» mais d'«une question de temps». On se résigne à ordonner quelques mesures préventives, inefficaces d'ailleurs, car prises dans un esprit de modération. En retournant à son cabinet, Rieux rencontre Grand qui lui signale certains changements de caractère intervenus chez Cottard: une amabilité excessive vis-à-vis des commerçants, un intérêt soudain pour le journal conservateur de la ville et une subite générosité envers une parente éloignée. Tandis que Rieux explique ces transformations par la peur du virus, Grand y voit les indices d'une mauvaise conscience. Le comportement du représentant en vins et liqueurs va confirmer ce soupçon: Cottard semble en effet considérer un éventuel séjour en clinique comme un moyen d'échapper à des poursuites judiciaires.

Le stock de sérums commandé à Paris s'avérant insuffisant, on est contraint de déclarer officiellement l'état de peste et de fermer la ville.

II

La situation d'exil à laquelle les Oranais sont désormais condamnés, la séparation brutale d'êtres chers, l'impossibilité de communiquer avec l'extérieur, sont vécus dans la souffrance et dans la peur. Pourtant les intérêts particuliers l'emportent sur les préoccupations générales. La peste et ses inconvénients, tels que le rationnement d'essence, les restrictions alimentaires et les économies d'électricité, sont ressentis par la plupart «comme un accident sans doute fâcheux mais après tout temporaire».

p. 79, l. 25–p. 88

79 35 **d'abondance** beaucoup – 39 **fort** très

80 4 **un prétendant** celui qui désire épouser une femme – 5 **un cheminot** employé de chemin de fer – 8 **la cuisse** partie de la jambe au-dessus du genou – 9 **menu,e** mince et petit – 10 **angoissé,e** qui ressent une inquiétude profonde – 11 **démesuré,e** très grand, énorme – 13 **l'émerveillement** *m* grande admiration mêlée d'étonnement – **se renverser** se jeter en arrière, s'appuyer – 22 **la fatigue aidant** unter der Einwirkung der Müdigkeit – 37 **la foi** croyance, *ici:* confiance – 39 **se justifier** expliquer sa conduite

81 11 **une lieue** ancienne mesure de distance (4 km environ); *ici:* très loin – 13 **veiller sur** prendre soin de – 29 **un correspondant** employé d'un journal chargé d'envoyer des nouvelles d'un lieu éloigné – 30 **imbécile** idiot – 31 **un dispensaire** lieu où on donne gratuitement des soins médicaux aux pauvres – 35 **un clairon** trompette de soldats – 38 **abrupte** en pente raide – **ocre** d'une couleur brun jaune ou orangée – 39 **mauresque** dans le style des Maures, tribus du nord de l'Afrique

82 1 **agité,e** excité, troublé par l'inquiétude – 14 **recommandé,e** *ici:* qui a des relations – **des facilités** *f* moyens de parvenir à qc sans effort grâce à certains appuis ou à des relations – 19 **subir** sich unterziehen

83 2 **Ransdoc** agence qui fournit des renseignements à la presse et la radio – 6 **sans crier gare** brusquement – 12 **sacré,e** *fam* maudit (verdammt) – 14 **approuver** dire oui – 17 **un ficus** [fikys] figuier (Feigenbaum) – 21 **un enduit** *ici:* Staubschicht – **un feutre** *ici:* chapeau de feutre, d'étoffe faite de poils – 22 **déboutonné,e** aufgeknöpft – 23 **buté,e** qui ne veut pas céder – 24 **boudeur,-se** qui marque du mécontentement

84 7 **s'animer** s'agiter (sich ereifern) – 15 **un arrêté** décision d'une administration (Erlaß) – 18 **l'amertume** *f* sentiment de tristesse et de déception (Bitterkeit) – 21 **la République** la statue de la République (voir p. 83, l. 18) – 23 **l'évidence** *f* chose évidente, absolument claire – 24 **rajuster** remettre en place – 25 **se débrouiller** *fam* se tirer d'affaire – 26 **un défi** ton de provocation – 29 **cela ne me regarde pas** cela ne me concerne pas – 30 **un éclat** colère brusque

85 2 **le bien** ce qui est bon – 13 **la rancune** ressentiment (Groll) – 19 **approuver** donner raison – 26 **où la peste mettait les bouchées doubles** wo die Pest immer gefräßiger wurde – 34 **aménager** einrichten – 36 **creusé,e** ausgehoben – **l'eau crésylée** Kresollösung (Desinfektionsmittel) – 37 **un îlot** petite île – **une brique** Backstein – 39 **rugueux,-se** rude au toucher, *contr. de* lisse

86 3 **un préau** partie couverte de la cour d'une école – 6 **vacciner** impfen – **inciser** ouvrir avec un instrument tranchant – 12 **persévérer** poursuivre sa tâche sans perdre courage – 14 **vigoureux,-se** fort, solide – 17 **revenir à qc** se résumer à qc (auf etw. hinauslaufen) – 24 **un timbre** son produit, *ici:* par l'ambulance – 27 **la persuasion** Überredung – 31 **se borner à** se contenter de – 34 **un tête-à-tête** le fait d'être seul avec qn – 35 **l'issue** *f* événement final, résultat – **une injonction** ordre formel – 36 **la force armée** les soldats – 37 **prendre d'assaut** attaquer; *ici:* emmener de force (im Sturm nehmen)

87 4 **un éventail** Fächer – 5 **artificiel,le** *contr. de* naturel – 6 **mal dessiné** *fig* tremblant, hésitant – 10 **l'enflure** *f* gonflement (Schwellung) – 11 **un ganglion** Lymphknoten – 15 **s'agripper** s'accrocher – 17 **déclencher** produire, provoquer – 20 **indéfiniment** sans qu'on puisse en apercevoir la fin – 27 **harassant,e** extrêmement fatigant – 28 **se déverser** se vider, se répandre – 32 **le soulagement** action de rendre moins pesant (Erleichterung) – 33 **écrasant,e** épuisant, harassant – 35 **s'affliger de qc** être chagriné par qc – 36 **déplorer** regretter, pleurer sur qc – 39 **sensible** *ici:* compréhensible

88 8 **ultérieurement** plus tard

Le premier mois de peste est marqué par l'extension du fléau et par la crainte et la perplexité des habitants d'Oran. La cathédrale de la ville, jusqu'ici peu fréquentée, devient, pour une semaine, un lieu de prières collectives et d'invocations. Le dimanche suivant, le père Paneloux, prêtre bien connu pour son christianisme intransigeant, y prêche devant une assemblée considérable.

p. 91, l. 15–p. 95

91 15 **l'encens** *m* Weihrauch – 17 **une chaire** tribune élevée d'où un prêtre s'adresse à ses fidèles – 18 **trapu,e** pas très grand et large d'épaules – 21 **rubicond,e** rouge, en parlant du visage – 23 **l'assistance** *f* personnes réunies pour assister à qc – 24 **martelé,e** prononcé en articulant avec force (mot provenant de *marteau*) – 26 **un remous** *fig* mouvement général d'agitation – **parcourir** traverser – **le parvis** place située devant une cathédrale – 27 **se raccorder** se rattacher, suivre logiquement – 28 **un exorde** première partie d'un discours – 30 **un procédé** moyen – **oratoire** qui convient à l'art de parler en public – **habile** adroit – 31 **asséner** porter avec violence – **un prêche** sermon – 33 **l'Exode** *m* départ en masse d'un peuple, *ici:* livre de la Bible qui raconte que Dieu envoya sur l'Egypte dix fléaux – le cinquième était la peste du bétail – pour punir le pharaon de l'oppression exercée sur le peuple hébreu – 34 **un fléau** 1. instrument qui sert à battre le blé (Dreschflegel), 2. grand malheur, calamité publique (Geißel, Landplage) – 36 **un dessein** volonté, intention

92 3 **une averse** pluie assez forte, mais courte – 4 **un vitrail** (*pl* vitraux) fenêtre d'une église – 6 **un prie-Dieu** sorte de chaise au dossier élevé sur laquelle on se met à genoux pour prier – 7 **de proche en proche** les uns après les autres – 14 **une grange** bâtiment servant à abriter la récolte (Scheuer) – 15 **implacable** sans pitié – **la paille** Stroh – 16 **un grain** fruit du blé, p. ex. (Korn) – 17 **plus d'appelés que d'élus** mehr Berufene als Auserwählte – 18 **composer avec qn** s'accorder avec qn en faisant des concessions – 19 **la miséricorde** bonté, indulgence (Erbarmen) – **divin,e** de Dieu – 20 **le repentir** regret d'une faute et désir de la réparer – 22 **d'ici là** bis dahin – 25 **lassé,e** fatigué – 27 **être privé de** ne pas avoir, ne plus avoir – 28 **les ténèbres** *f* obscurité profonde – 29 **s'ébrouer** souffler en secouant la tête (schnauben) – 31 **la Légende dorée** recueil de Vies de Saints rédigé vers 1260 – 32 **la Lombardie** province du Nord de l'Italie – 34 **sévir** se dit d'un fléau qui frappe un région et la détruit (wüten) – 35 **Pavie** ancienne capitale de la Lombardie – 36 **un épieu** long bâton de bois terminé par un fer pointu, servant d'arme au moyen-âge (Spieß)

93 16 **une aire** surface où l'on battait autrefois le blé (Tenne) – 18 **l'ampleur** *f* Ausführlichkeit – 19 **évoquer** faire apparaître à l'esprit de qn par des images – 20 **tournoyer** tourner sans s'éloigner – 21 **éparpiller** répandre – 22 **les semailles** *f* action de semer des graines – 23 **la moisson** récolte – 30 **une génuflexion** action de plier le genou en signe de respect – 31 **l'insouciance** *f* légèreté d'esprit (Sorglosigkeit) – 32 **tiède** ni chaud ni froid – **espacé,e** qui a lieu seulement de temps en temps – 33 **dévorant,e** *fig* très exigeant – **la tendresse** affection – 37 **un péché** faute contre les lois religieuses – 39 **Caïn** [kaɛ̃] fils aîné d'Adam et d'Eve, qui tua par jalousie son frère Abel – **le déluge** pluies fortes qui durent longtemps, *ici:* pour punir les hommes, Dieu fit pleuvoir pendant quarante jours et quarante nuits. Seul Noé survécut au déluge.

94 1 **Sodome et Gomorrhe** deux villes détruites par Dieu pour punir les vices de leurs habitants – **Job** personnage biblique (Hiob) – 2 **un maudit** personne rejetée par Dieu – 6 **l'essentiel** *m* ce qui est le plus important – 7 **s'engouffrer** pénétrer brusquement – **la nef** Kirchenschiff – 8 **un cierge** chandelle blanche en usage dans les églises – **grésiller** knistern – 9 **la cire** matière blanchâtre produite par les abeilles servant par ex. à la fabrication de cierges – **un éternuement** Niesen – 13 **où je veux en venir** worauf ich hinaus will – 22 **meurtrir** blesser, faire souffrir (martern) – 23 **l'Abyssinie** *f* pays d'Afrique, ancien nom de l'Ethiopie – 24 **efficace** qui produit un effet – 25 **l'éternité** *f* qualité de ce qui n'a pas de fin; *ici:*

la vie future, le salut éternel – 26 **un pestiféré** malade atteint de la peste – 27 **la fureur de salut** Heilssucht – 28 **recommandable** digne d'être conseillé – 30 **accélérer** rendre plus rapide – 31 **immuable** qui ne peut changer – 32 **l'hérésie** *f* Ketzerei – 34 **la lueur** faible lumière – **exquis,e** délicieux – **gît** (de *gésir*) *vieilli* ruht – 35 **crépusculaire** faiblement éclairé (dämmerig) – 37 **sans défaillance** sans jamais faiblir – 38 **le cheminement** marche lente et pénible – 39 **une clameur** cris confus et prolongés

95 3 **châtier** *litt* punir sévèrement – 4 **apaiser** donner la paix, calmer – 10 **un remue-ménage** mouvements, déplacements bruyants d'un groupe – **assourdi,e** rendu moins sonore (gedämpft) – 14 **l'éloquence** *f* l'art de bien s'exprimer – 18 **l'enfer** *m contr. de* paradis

Le prêche fait prendre conscience aux Oranais de leur condition de prisonniers, état intolérable pour la plupart d'entre eux, fermement convaincus de leur innocence. Cette privation de liberté injustifiée conduit à des actes de désespoir et de folie. Grand trouve un soutien dans une tâche secrète, la rédaction d'une œuvre littéraire. La poursuite d'un idéal de perfection stylistique présente bien des difficultés qu'il confie, un soir, au docteur Rieux. Il va jusqu'à lui montrer son manuscrit.

p. 99, l. 17–p. 100

99 20 **invinciblement** sans qu'il y puisse y résister, en vaincre l'envie – 21 **une ampoule électrique** Glühlampe – **un abat-jour** Lampenschirm – 23 **moite** légèrement humide – 31 **une perception** Wahrnehmung – **aigu,aiguë** d'une grande lucidité, pénétrant – 32 **clos,e** (de *clore*) fermé – 35 **une amazone** femme qui monte à cheval – 36 **une jument** femelle du cheval – **alezan,e** jaune roux (s'applique aux chevaux) – **le Bois de Boulogne** bois situé à l'ouest de Paris – 38 **une rumeur** bruits confus

100 8 **une approximation** ce qui s'approche de la vérité (*ici:* de la beauté) absolue – 10 **l'allure** *f ici:* rythme, cadence – 11 **une promenade au trot** Spazierritt – 13 **«Chapeau bas!»** exclamation marquant l'admiration et le respect (Hut ab!) – 14 **il avait encore du pain sur la planche** il avait encore beaucoup de travail devant lui – 16 **un imprimeur** Drucker – 17 **coller** *fig* correspondre exactement – 19 **apparenter** présenter une ressemblance, rappeler – 31 **la vigilance** attention, surveillance attentive – **un barrage** obstacle; *ici:* les gardes

D'autres, comme Rambert, tentent d'échapper à l'isolement par des voies légales, en s'adressant aux administrations compétentes. Les démarches du journaliste, poussé par le désir de retrouver la femme qu'il aime, sont vaines.

A la fin du mois de juin, une chaleur terrible s'abat sur la ville. L'été est meurtrier: en même temps que la température monte, le nombre de victimes augmente dans des proportions inquiétantes. Tarrou continue sa chronique de la cité empestée, décrivant ses aspects pathétiques et grotesques. Il distingue entre ceux qui, en raison du fléau, subissent des dommages matériels (les hôteliers par exemple), ceux qui n'en sont nullement affectés (comme le vieil asthmatique, vivant à l'écart du monde) et ceux qui en bénéficient (les restaurateurs, du fait des problèmes de ravitaillement). La ville, le soir, est le théâtre d'une agitation artificielle où chacun tente d'étouffer son angoisse dans les divertissements, l'amour et les querelles.

Un soir, Tarrou demande un entretien au docteur Rieux. Il veut lui exposer son projet de formation d'un service civil, composé de volontaires.

p. 118, l. 22–p. 123

118 24 **des formations sanitaires volontaires** freiweilliger Sanitätsdienst – 26 **débordé,e** dépassé par les tâches à accomplir (überbelastet) – **un noyau** partie dure au centre d'un fruit; *ici:* partie centrale autour de laquelle s'organise un groupe

119 8 **la bienfaisance** aspect positif, salutaire – 12 **maux** *pl de* mal – 15 **lâche** *contr. de* courageux – 20 **se carrer** s'installer confortablement – 32 **administrer** *ici:* donner l'extrême-onction (letzte Ölung) – **un paroissien** membre d'une paroisse (Mitglied einer Pfarrgemeinde)

120 4 **le dévouement** sacrifice volontaire de soi ou de ses intérêts (Hingabe) – 20 **il y faut de l'orgueil** es gehört Hochmut dazu – 28 **la condensation** Verdichtung – 31 **singulier,-ère** étrange – **fraternel,le** qui agit comme un frère – 36 **se proposer** se fixer un but (ins Auge fassen)

121 19 **s'assombrir** devenir soucieux (se rapporte au visage) – 24 **interminable** qui n'a jamais de fin – **une défaite** *contr. de* victoire – 36 **Mme Rieux** la mère de Rieux

122 2 **un palier** plate-forme au bout d'un escalier – 3 **une minuterie** appareil destiné à garder la lumière allumée pendant un certain temps – 7 **se détraquer** être déréglé et tomber en panne – 16 **s'émouvoir** se troubler, ressentir et montrer une émotion – 19 **se rattraper** reprendre son équilibre – 26 **déboucher** hinaustreten – 28 **un frôlement** action de toucher légèrement en passant; *ici:* léger bruit – 32 **un vaccin** sérum servant à immuniser; *ici:* injection (Impfung) – 35 **une évaluation** calcul approximatif

123 4 **un faubourg** partie d'une ville située à la périphérie – **un phare** Scheinwerfer – 5 **illuminer** éclairer d'une vive lumière – 7 **un reflet** Widerschein – 13 **la compréhension** faculté de comprendre

Les équipes sanitaires sont constituées grâce aux efforts de Tarrou. Les volontaires sont nombreux, conscients que la lutte reste le seul recours contre la peste. L'organisation de cette tâche est assurée par Grand qui s'occupe du travail d'enregistrement et de statistique.

p. 126, l. 29–p. 129, l. 37

126 29 **de ce point de vue** à cet égard (von diesem Standpunkt aus betrachtet) – 30 **estimer** être d'avis, penser – 31 **la vertu** qualité morale particulière; *ici:* la force

127 1 **une fiche** petite feuille de papier sur laquelle on note des renseignements – 6 **la détente** distraction, relaxation après une tension intellectuelle ou nerveuse – 8 **invariablement** toujours – 9 **difficile** *ici:* gêné – 12 **svelte** mince et léger – 19 **le trot** Trab – 22 **fastueux,-se** splendide – 24 **péjoratif,-ve** qui comporte une idée défavorable – **reluisant, e** brillant – 25 **se prêter à qc** convenir (sich anbieten, sich eignen) – 35 **affecté,e** touché de façon pénible, déçu – 38 **somptueux,-se** splendide, magnifique

128 7 **à proprement parler** genaugenommen – 9 **la conviction** fait de croire fermement ce qu'on dit – **ébranler** rendre incertain, troubler dans ses convictions – 19 **fâcheusement** de façon désagréable – 20 **bégayer** parler d'une manière hésitante (stottern) – **accablé,e** abattu, découragé – 24 **la distraction** manque d'attention – 26 **écrasant,e** très lourd

129 3 **rattacher** relier (verbinden) – 7 **arbitrairement** qui dépend de la seule volonté de qn et apparaît comme sans justification – **une épine** piquant d'une plante – **la chair** substance qui constitue les muscles – **être une épine dans la chair de qn** gêner qn (jdm ein Dorn im Auge sein) – 10 **absorber** occuper l'esprit tout entier – 14 **mettre au clair** mettre en ordre – 15 **s'évertuer** s'appliquer, se donner beaucoup de peine – 20 **épaissi,e** rendu épais (par les odeurs) – 21 **l'encre** *f* Tinte – 27 **effacé,e** modeste – 30 **revenir à qn** jdm gebühren – 32 **l'exigence** *f* ce qui est demandé (Anspruch) – 36 **ostensiblement** visiblement – **exaltant,e** qui célèbre hautement les mérites de qc (übersteigert) – **vilain,e** laid, déplaisant

Ses démarches auprès de diverses administrations ayant échoué, Rambert décide de quitter Oran par des moyens illégaux. Cottard qui se livre au marché noir, le met en contact avec une filière secrète qui, en échange d'une somme élevée, doit organiser sa fuite.

Tarrou s'efforce de gagner Rambert et Cottard au service bénévole des organisations sanitaires. Rambert refuse, Cottard se trahit en révélant que l'état de peste lui convient puisqu'il le préserve d'une arrestation. Les jours passent, et Rambert finit par comprendre qu'il ne peut compter sur l'organisation pour s'échapper.

p. 149, l. 17–p. 152

149 17 **pénétrer** entrer – 31 **consister à** darin bestehen – 36 **Saint James Infirmary** blues qui fut l'un des plus grands succès de Louis Armstrong – 39 **une évasion** (tentative de) fuite

150 19 **payer de sa personne** sich voll für etwas einsetzen – **la guerre d'Espagne** Guerre civile qui dura près de trois ans (juillet 1936–mars 1939) et se termina par la défaite des républicains. Des milices internationales

avaient combattu à leurs côtés. – 30 **rien qui vaille** *ici:* qui vaille la peine, rien de valable

151 18 **l'honnêteté** *f* fidélité à un idéal moral, intégrité (Redlichkeit) – 26 **être dans son tort** im Unrecht sein – 36 **se raviser** changer d'avis

152 1 **une maison de santé** sanatorium – 9 **au bout du fil** à l'appareil

III

Au milieu de l'été, la peste se déplace des quartiers extérieurs pour se rapprocher du quartier des affaires, au centre de la ville, frappant ainsi les riches comme les pauvres. Cette extension du fléau s'accompagne de mesures draconiennes: isolement des habitants des secteurs les plus touchés et interdiction de quitter son domicile le soir, après une heure fixée.

Les autorités veillent pourtant à l'introduction d'une hiérarchie dans le nivellement général. Elles autorisent ceux qui se sont engagés dans la lutte contre le fléau à quitter leurs maisons et décorent les gardiens morts en service, le taux de mortalité étant particulièrement élevé dans les prisons. Ces faveurs provoquent un certain mécontentement: à la solidarité se substituent l'indifférence pour les souffrances des autres, le mépris des lois et des valeurs humaines. Les malades meurent dans la solitude et sont enterrés sans cérémonies. Les cercueils se faisant rares et la place manquant dans le cimetière, on se résigne à jeter les cadavres les uns sur les autres, sans distinction des sexes, dans une fosse commune. Le manque de personnel oblige l'administration à s'adresser à des chômeurs qui se présentent en grand nombre, la misère étant plus forte que la peur.

p. 163, l. 33–p. 165, l. 17

163 33 **tant bien que mal** recht und schlecht – 35 **la dernière demeure** *litt* tombeau (letzte Ruhe) – **décemment** comme il convient – 37 **anticiper sur qc** faire (*ici:* raconter) qc avant le moment prévu – 39 **recourir à qc** être forcé par les circonstances de se servir de tels moyens (zurückgreifen auf) – **un palier** *ici:* niveau atteint (par la peste) à un certain moment

164 1 **une accumulation** grande quantité – 2 **surpasser** dépasser (übersteigen) – 3 **abattre** démolir – 4 **un pan** partie d'un mur – **une échappée** espace libre ouvert à la vue (Ausblick) – 7 **dispenser de** libérer – **les égards** *m* marques, témoignages de respect (Rücksicht) – 11 **le couvre-feu** heure après laquelle il est interdit de sortir des maisons – 13 **à toute allure** à toute vitesse – 15 **une fosse** [fos] Grube – **basculer** *ici:* tomber – 16 **une pelletée** contenu d'une pelle (Schaufel) – **la chaux** Kalk – 20 **prendre du large** *ici:* prendre des mesures extraordinaires – **un arrêté** décision administrative écrite – 21 **exproprier** prendre les biens de qn lorsqu'ils sont déclarés d'utilité publique (enteignen) – **une concession à perpétuité**

terrain vendu définitivement dans un cimetière (Familiengrab) – 22 **un four crématoire** Krematorium – 23 **exhumer** ausgraben – 24 **la crémation** l'action de brûler les cadavres – 25 **un four d'incinération** Verbrennungsofen – 26 **un piquet de garde** Wachtposten – 29 **desservir** faire le service d'un lieu en parlant d'un moyen de transport – **une corniche** route longeant une côte – **maritime** du bord de mer – 30 **à cet effet** dans ce but – 31 **une baladeuse** Anhänger (einer Straßenbahn) – **une motrice** Triebwagen – 33 **une tête de ligne** Endstation – 37 **brinquebaler** avancer en se balançant de droite à gauche – 38 **ce qu'il en est** ce dont il s'agit – 39 **un accès** possibilité d'aller dans un lieu

165 2 **surplomber** überhängen, hinausragen über – 4 **cahoter** être secoué – 7 **nauséabond, e** qui sent mauvais et donne mal au cœur – **planer** flotter en l'air – **oriental,e** situé à l'est – 8 **une exhalaison** *ici:* vapeur échappée du four d'incinération – 9 **nuire** constituer un danger

Selon le narrateur, jusqu'ici anonyme, l'évolution de la peste comporte deux phases: une période de souffrances due à la séparation, ravivée par le souvenir d'êtres chers, et une période d'abattement au cours de laquelle la mémoire et les sentiments disparaissent. Le seul sentiment qui anime encore les Oranais, c'est «l'habitude du désespoir», bien «pire que le désespoir lui-même». Privés de mémoire, d'espoir et d'amour, les hommes se mettent à considérer l'épidémie sous l'angle de l'abstraction, des chiffres et des statistiques.

p. 168, l. 32–p. 170

169 7 **apparemment** qui n'est pas tel qu'il paraît être (scheinbar) – 8 **en sursaut** brusquement – 9 **tâter** toucher avec précaution – **avec une sorte de distraction** sans y prêter beaucoup d'attention, l'esprit absent – 10 **irrité,e** gereizt – 16 **la placidité** tranquillité – 17 **puéril,e** qui agit comme un enfant (se dit d'une personne ou de son comportement) – 18 **le sang-froid** maîtrise de soi – 22 **concevoir** imaginer – 23 **chimérique** illusoire et vain – 24 **sans fondement** sans raison – 25 **bâiller** ce qu'on fait lorsqu'on est fatigué ou ennuyé (gähnen) – 27 **paresser** ne rien faire (faulenzen) – 30 **un jugement de valeur** Werturteil

170 1 **un tampon** Stempel – **scander** souligner, marquer le rythme – 3 **ignominieux,-se** honteux (schmachvoll) – 8 **inerte** immobile, sans vie – 11 **buté,e** obstiné, que se refuse à comprendre – 14 **la longanimité** patience à supporter des souffrances, des épreuves, etc. – 16 **élever à une échelle mille fois plus grande** tausendfach vergrößern – 29 **une semelle** Schuhsohle – 30 **piétiner** marcher sans pourtant avancer – 33 **l'obstination** *f* Eigensinn, Hartnäckigkeit

IV

En septembre et en octobre la peste continue à sévir dans la ville repliée sur elle-même. Pour la première fois Rieux constate des signes d'épuisement chez lui et chez les autres, à l'exception de Grand. Bien plus, il ressent une sorte d'insensibilité, due à l'abandon de ses dernières illusions, notamment celle de soulager et de guérir. Sa tâche consiste désormais à emmener de force les pestiférés. Le découragement gagne la plupart des citadins qui se laissent aller, négligeant les règles d'hygiène les plus élémentaires. Seul Cottard s'est fort bien arrangé de la peste. Le fléau le rapproche des autres dont il partage l'impatience, le désir de jouir encore des quelques divertissements offerts par la cité. Bientôt la peste gagne les loisirs mêmes: pendant la représentation d'*Orphée et Eurydice*, l'acteur principal, atteint de la terrible maladie, s'écroule sur la scène.

Rambert renonce à sa dernière chance d'évasion pour se rendre à l'hôpital auprès de Rieux. Il est accompagné de Tarrou.

p. 189, l. 14–p. 191

189 16 **ronronner** faire entendre un bruit sourd et régulier – 17 **une hélice** Propeller – **brasser** remuer pour mêler, *ici:* pour renouveler l'air – 18 **crémeux, -se** épais et humide – 19 **un gémissement** plainte inarticulée – 22 **une baie** large fenêtre – 23 **un barreau** Gitter – 26 **les aines** *f* Leisten – 27 **écartelé,e** dont les jambes sont tenues écartées (gespreizt) – 30 **panser** mettre des linges et des médicaments sur une blessure – 34 **une équipe de prospection** équipe dont la tâche est de trouver les maisons pas encore désinfectées

190 2 **se plisser** se fermer à demi – 7 **s'humidifier** devenir humide – 15 **démarrer** commencer à rouler – 19 **broncher** manifester une réaction en bougeant – 20 **émerger** sortir de

191 10 **une embardée** plötzliches Ausweichen (eines Autos) – 16 **la lassitude** fatigue due au découragement, abattement – 23 **prospecter** *ici:* examiner de près

A la fin du mois d'octobre, un enfant est frappé par la peste. Rieux décide d'essayer sur lui un nouveau sérum mis au point par le docteur Castel, un confrère. Tarrou, Paneloux, Grand et les deux médecins assistent, désemparés, à l'agonie de l'enfant.

p. 195, l. 12–p. 199

195 12 **la terreur** *ici:* le règne de la peste – 16 **infliger** faire subir (zufügen) – **innocent,e** *contr. de* coupable; qui n'est responsable d'aucune faute – 18 **se scandaliser** s'indigner (sich empören) – 22 **grêle** aigu et faible – 23 **un frisson** tremblement léger et passager dû à la fièvre – 24 **convulsif, -ve**

krampfartig – **frêle** *contr. de* robuste – **une carcasse** squelette d'un animal, *ici:* corps humain; s'emploie également pour désigner la coque d'un grand bateau – 26 **une bourrasque** coup de vent violent, courte tempête – 27 **haleter** respirer à un rythme rapide et avec difficulté – 28 **une grève** *litt* plage – 29 **le flot** *litt* vague – 31 **se recroqueviller** se replier sur soi-même – **une épouvante** peur violente et soudaine – 33 **jaillir** hervordringen – 34 **une paupière** Augenlid – 35 **plombé,e** couleur de plomb (bleifarben) – **crisper** contracter les muscles – 36 **osseux,-se** dont les os sont très apparents – **fondre** *ici:* maigrir rapidement sous l'effet de la fièvre – 37 **dévasté,e** en désordre – 38 **un crucifié** condamné qui est attaché sur une croix

196 1 **trempé,e** mouillé – 4 **détonner** devenir rauque – 6 **une rémission** amélioration temporaire d'un mal – **matinal,e** du matin – 10 **affaissé,e** zusammengesunken – 15 **s'enfler** s'intensifier – 17 **concerté,e** décidé en commun et à l'avance – 22 **un consentement** accord, acceptation – 23 **se débattre** lutter contre qn en faisant beaucoup d'efforts – 28 **se confondre** ne plus former qu'une seule personne – **supplicié,e** martyrisé, torturé – 31 **se désaccorder** ne plus aller ensemble – **sombrer** se perdre – 39 **une griffe** Kralle – **labourer** zerwühlen

197 1 **un flanc** côté – 6 **l'argile** *f* Ton – 9 **discorde** schrill – 14 **souillé,e** *litt* sali – 23 **la marée** mouvement régulier et périodique des eaux de la mer; *ici:* **une marée** une grande quantité (Flut) – 24 **un sanglot** Schluchzen – **déferler** branden, überschwemmen – 38 **rapetissé** devenu plus petit

198 1 **une bénédiction** acte religieux qui appelle la protection de Dieu sur qn (Segen) – 2 **ses robes** *f* sa soutane – 6 **crispé,e** contracté par l'impatience et l'irritation – 12 **emporté,e** violent, plein de colère – 21 **broyer** serrer fortement, écraser – 23 **une taie** *ici:* couche de nuages qui empêche de voir le soleil – 26 **ravaler** avaler de nouveau; *ici:* empêcher de s'exprimer, retenir – 35 **cela passe notre mesure** es übersteigt unser Maß

199 4 **bouleversé,e** extrêmement ému – 6 **la grâce** Gnade – 12 **un blasphème** parole outrageante à l'égard de Dieu (Gotteslästerung) – 15 **le salut** Heil – 24 **ruisseler** couler sans arrêt

Peu après la mort de l'enfant, le père Paneloux prononce un second prêche devant une assemblée moins nombreuse qui accorde désormais plus de confiance aux superstitions qu'à la religion.

p. 202, l. 15–p. 208, l. 12

202 18 **l'assistance** *f* l'ensemble des personnes présentes – 23 **le débit** manière de parler – 25 **s'affermir** devenir plus assuré – 29 **au chevet** auprès du lit – 32 **sans relâche** continuellement, constamment – 35 **une conviction** opinion ferme – 36 **se frapper la poitrine** admettre qu'on a commis une faute – 37 **la charité** vertu chrétienne qui consiste dans l'amour des autres – 39 **retenir** garder dans sa mémoire ce qu'on a appris – **une épreuve** malheur subi par qn

203 2 **en l'espèce** en la circonstance – 5 **un accoudoir** Armlehne – 6 **capitonné,e** gepolstert – 21 **un libertin** personne qui vit dans le vice, sans

respecter la religion – 22 **foudroyer** frapper de la foudre; *ici:* condamner – 28 **mettre qn au pied du mur** le forcer à prendre parti – 29 **une muraille** mur épais et élevé – 32 **escalader** grimper – 33 **les délices** *m* paradis – 39 **un écartèlement** torture

204 6 **côtoyer** se rapprocher de – 7 **une hérésie** doctrine condamnée par l'Eglise catholique car contraire aux dogmes – 8 **une injonction** ordre formel – 9 **la vertu** Tugend – 12 **indulgent,e** qui pardonne facilement – 18 **assumer** accepter consciemment – 20 **profane** étranger à la religion – 22 **le Purgatoire** séjour où les âmes sont punies avant d'être admises au Paradis (Fegefeuer) – **sous-entendre** donner qc à comprendre sans le dire expressément – 26 **au sein de** chez, dans – 30 **un péché** faute commise contre la loi divine (Sünde) – **véniel, le** qu'on peut facilement pardonner – 36 **restreint,e** étroit, limité – 38 **l'humilité** *f* soumission, *contr. de* orgueil (Demut, Selbsterniedrigung) – **l'humiliation** *f* action d'humilier ou de s'humilier (Demütigung, Erniedrigung) – 39 **être consentant** céder à qc (einwilligen)

205 5 **épargner** ménager (sich ersparen) – 6 **une issue** passage offrant la possibilité de sortir – 18 **périr** *litt* mourir – **spirituel, le** qui se rapporte à l'âme – 21 **inopinément** de façon inattendue – **un prédicateur** celui qui prêche – 25 **le fatalisme** attitude qui consiste à accepter son destin – 30 **les hardes** *f* vêtements pauvres et usés – **un piquet** groupe d'hommes désignés pour un service particulier – **invoquer** appeler par ses prières – 33 **à l'inverse** au contraire – 34 **un moine** Mönch – **le Caire** capitale de l'Egypte – 38 **pécher** commettre une faute contre la religion

206 2 **envahir** occuper de force, prendre toute la place, être tout puissant – 3 **escamoter** éviter de façon habile mais peu honnête – 6 **peste de Marseille** peste qui sévit en 1720 – **un couvent** maison dans laquelle des moines ou des religieuses vivent en commun – 20 **à l'aveuglette** sans y voir clair, au hasard – 22 **s'en remettre à** faire confiance à, se reposer sur – 23 **le recours** aide, assistance, refuge – 24 **un évêque** Bischof – 27 **il n'était plus de remède** il n'y avait plus de secours – 28 **des vivres** *m* aliments – **murer** entourer de murs, fermer par des murs – 35 **se persuader** se rendre certain – 37 **admettre** accepter

207 2 **conclure** terminer – 3 **le dédain** le fait d'accorder peu de valeur à – 14 **une dalle** plaque de pierre – 19 **assaillir** attaquer brusquement – 23 **un diacre** Diakon – 26 **rendre hommage à** honorer, témoigner son respect – 27 **une hardiesse** audace – 32 **un traité** Abhandlung – 34 **l'imprimatur** *m* autorisation d'imprimer donnée par l'Eglise – 39 **consulter qn** lui demander son avis

208 4 **crevé,e** ausgestochen

Peu après le prêche, le père Paneloux est atteint d'un mal étrange et meurt. Le fléau continue à sévir. Même si les hommes restent égaux devant la mort, une certaine inégalité règne entre les pauvres et les riches qui, seuls, peuvent profiter du marché noir et de la spéculation. La ville, elle aussi, présente un visage double: les quartiers encore habités et plus loin, aux portes de la cité, le stade municipal servant de camp d'isolement. C'est là que les internés sont placés en quarantaine, loin de la communauté et souvent oubliés de leurs proches.

Vers la fin du mois de novembre, Tarrou accompagne Rieux dans une de ses visites. Le soir, sur la terrasse du vieil asthmatique, Tarrou se laisse aller à faire quelques confidences.

p. 222 , l. 18–p. 231, l. 3

222 26 **le genre** *ici:* manière d'être, personnalité, caractère – **tourmenté,e** qui se fait constatement du souci, éprouve de l'angoisse ou des scrupules – **débuter** commencer dans la vie – 27 **l'intelligence** *f ici:* la culture – 32 **un avocat général** Oberstaatsanwalt – **une situation** *ici:* une position sociale élevée – 33 **le naturel** tempérament – **bonhomme** simple et bon – 37 **une aventure** *ici:* aventure amoureuse – 39 **s'indigner de qc** éprouver un sentiment de colère à cause de l'injustice de qc

223 2 **pour parler bref** pour le dire en peu de mots – 8 **l'indicateur Chaix** guide des horaires des trains (Kursbuch) – 9 **le livre de chevet** la lecture préférée – 11 **être à même de** être capable de – 14 **Varsovie** capitale de la Pologne – 23 **fournir** donner, constituer – 25 **avoir trait à** se rapporter à – 28 **la détermination** résolution, décision ferme – 31 **la cour d'assises** Schwurgericht

224 2 **une revue de 14 juillet** défilé militaire qui a lieu à l'occasion de la fête nationale – 6 **le poil** Körperhaar, Barthaar – 8 **reconnaître** avouer – 11 **un hibou** Eule – **effarouché,e** effrayé, apeuré – 12 **ajuster** arranger de la façon qui convient – 13 **se ronger les ongles** an den Fingernägeln kauen – 17 **un inculpé** celui qui est accusé d'un délit et qui, par conséquent, est jugé par un tribunal – 20 **un prévenu** un accusé – 23 **entêté,e** obstiné (dickköpfig) – 24 **un réquisitoire** discours prononcé par l'avocat général contre l'inculpé – 26 **grouiller de** être plein d'une masse confuse (wimmeln von) – 35 **vertigineux,-se** fantastique, terrible (schwindelerregend) – 36 **selon la coutume** conformément à l'usage, à l'habitude – 38 **abject,e** méprisable, ignoble

225 2 **abominable** qui inspire l'horreur – 10 **le renoncement** privation, sacrifice (Entsagung) – 26 **dissuader** empêcher qn de croire ou de faire qc – **une recommandation** conseil donné avec insistance (Empfehlung) – **réprimer** retenir, étouffer – 30 **l'animosité** *f* rancune, haine – 35 **l'aisance** *f* un certain luxe – 39 **régler un compte** abrechnen

226 9 **passons** Schwamm darüber – 15 **se maintenir** rester – 18 **la Hongrie** Ungarn – 20 **fusiller qn** l'exécuter à coups de fusil (erschießen) – 23 **une estampe** image imprimée (Kupferstich) – **un bandeau** Augenbinde – **un poteau** Pfosten – 24 **un peloton** groupe chargé d'exécuter un condamné – 27 **heurter** toucher rudement – 29 **le tir** action de lancer un projectile au moyen d'une arme – 30 **une balle** Kugel – 33 **sacré,e** heilig – 35 **insister** revenir sans cesse sur qc

227 4 **souscrire** consentir, donner son accord – 8 **noué,e** serré comme par un nœud – 13 **déglutir** avaler (schlucken) – 14 **des robes rouges** un avocat général porte une robe rouge – 16 **la force majeure** circonstance dans laquelle on est absolument contraint de faire qc (höhere Gewalt) – **invoquer** donner comme argument, comme justification – 23 **c'est à qui tuera le plus** heute geht es darum, wer am meisten tötet – 27 **empesté,e** infecté par la peste, empoisonné

228 12 **à son défaut** au lieu de, du moins – 19 **à vos côtés** auprès de vous – **je sais de science certaine** j'ai la certitude absolue – 22 **indemne** qui n'a pas été atteint d'une maladie ou d'un accident – 25 **coller** *fam* donner

229 11 **tourner la tête à qn** le troubler profondément – 15 **prendre le parti de** prendre la décision de – 25 **le dégât** dommage provoqué par une cause violente – 35 **aux confins** à l'extrémité – 38 **un clignement** *litt* le fait de briller de temps en temps – **un phare** Leuchtturm

230 3 **la falaise** Steilküste, Klippe – 4 **en somme** eigentlich – 9 **une lueur** lumière – 11 **une clameur** ensemble de cris confus – 13 **un rougeoiement** reflet rougeâtre – **une panne de vent** *ici:* fait que le vent s'arrête un moment de souffler – 15 **une décharge** bruit produit par une arme à feu – 20 **être dans l'ordre** être dans l'ordre des choses, être normal – 23 **l'héroïsme** *m* le fait de se comporter en héros, donc de montrer un courage exceptionnel – 37 **un laissez-passer** document autorisant une personne à se déplacer librement – 38 **la jetée** construction formant une chaussée qui s'avance dans l'eau

Grand, épuisé par son travail au bureau et ses activités bénévoles dans les équipes sanitaires, est atteint de la contagion en décembre.

p. 237, l. 14–p. 238, l. 27

237 17 **lucide** qui a repris conscience, perçoit et comprend tout – 24 **indéfiniment** sans cesse – **remanié,e** modifié, corrigé, transformé – 26 **se disposer** être ordonné – 28 **démesurément** extrêmement – 31 **calligraphié,e** écrit avec beaucoup de soin – 32 **figurer** se trouver

238 27 **une résurrection** retour presque miraculeux à la vie

V

A la «résurrection» de Grand succèdent d'autres cas de guérison quasi miraculeux. Les derniers jours de janvier sont marqués par la réapparition de rats et de chats et par un recul très net de la maladie grâce au sérum de Castel, resté jusqu'alors sans effet. La vie reprend dans la cité et l'espoir d'une proche délivrance emplit les habitants de joie. Seul Cottard reste étranger au sentiment de bonheur général. Un retour à la vie normale entraîne en effet la reprise de poursuites judiciaires.

Tarrou est atteint de la peste. Il est assisté par Rieux et sa mère dans sa lente agonie.

p. 261, l. 20–p. 262, l. 25; p. 263, l. 22–p. 264

261 21 **viscéral,e** profond – 23 **un écrou** Schraubenmutter – 24 **vissé,e** festgeschraubt, versenkt – **une articulation** Gelenk – 26 **de loin en loin** *litt* de temps en temps – 30 **un soubresaut** mouvement convulsif et violent du corps – 31 **dériver** s'écarter de sa direction en parlant d'un bateau; *ici:* s'abandonner – 33 **inerte** immobile, sans vie – 35 **un épieu** long bâton de bois terminé par un fer pointu (Spieß) – 36 **s'immerger** disparaître lentement – 37 **un naufrage** perte d'un navire en mer – 39 **tordu,e** déchiré par la douleur

262 3 **expirer** mourir – 4 **une corde** Saite – 5 **se rompre** se déchirer – 7 **retranché,e** *ici::* coupé, retiré – 13 **solennel, le** [sɔlanɛl] feierlich – 24 **une armistice** arrêt des combats (Waffenstillstand) – **amputé,e** *ici:* séparé, privé – 25 **ensevelir** *litt* enterrer

263 36 **un prétexte à mémoire** occasion de se souvenir – 38 **privé,e** sans le recours

264 6 **un bourreau** celui qui exécute d'autres hommes – 22 **obstinément** fixement, sans détourner les yeux – 25 **distrait,e** absent

Un matin de février les portes de la ville s'ouvrent. Cette journée est douce à ceux qui, avec la liberté, retrouvent leurs familles; elle est amère à ceux qui ont perdu l'un des leurs et restent seuls dans la joie générale. La foule descend dans la rue et gagne les lieux de réjouissances pour fêter la fin de la peste et de l'exil. Nous assistons aux retrouvailles de Rambert et de son amie et à l'arrestation de Cottard.

p. 277, l. 4–p. 279

277 5 **la torpeur** inaction, léthargie – 7 **une foule en liesse** qui manifeste sa joie – 13 **malin, maligne** rusé (schelmisch) – 22 **transvaser** faire couler d'un récipient dans un autre (umfüllen) – **un pois** Erbse – 27 **un pétard** Knallfrosch – 28 **ausculter** abhorchen – 30 **interdit,e** qui éprouve un grand étonnement – 39 **pour un peu** es fehlt nicht viel daran und …

278 3 **une fumigation** Dampfbad – 14 **une stèle** monument formé d'une pierre placée debout – **une plaque** plaque commémorative, rappelant un événement historique – 16 **étranglé,e** qui a de la peine à émettre des sons – 18 **casser la croûte** *fam* prendre un repas, manger – 19 **scintiller** briller par intervalles – 21 **durcir** devenir dur – **un silex** Kieselstein – 25 **délesté,e** déchargé, allégé – 26 **la rumeur** bruits confus – 31 **une entrave** obstacle, contrainte (Fessel) – 32 **parvenir** arriver, atteindre – 33 **une fusée** (Feuerwerks-)Rakete

279 2 **se répercuter** renvoyer comme un écho – 3 **une gerbe** ensemble de fusées d'un feu d'artifice qui éclatent en même temps – 5 **rédiger** écrire un texte – 11 **mépriser** considérer comme indigne d'estime – 14 **accomplir** faire – 16 **inlassable** infatigable, patient – **un déchirement** discorde, division – 20 **l'allégresse** *f* joie très vive qui se manifeste publiquement – 27 **une malle** grande valise – **les paperasses** *f* vieux papiers inutiles – 29 **l'enseignement** *m litt* leçon tirée de l'expérience humaine

PROMENADE DE L'ETANG ET LE PORT
LA GARE
UN BONJOUR D'ORAN
VUE GENERALE PRISE DE SANTA-CRUZ
LA MOSQUÉE DU PACHA

Textes complémentaires

La place et la signification de *La Peste* dans l'ensemble de l'œuvre

1. *De l'expérience absurde vers un humanisme positif*

Dans l'expérience absurde, la souffrance est individuelle. A partir du mouvement de révolte, elle a conscience d'être collective, elle est l'aventure de tous. Le premier progrès d'un esprit saisi d'étrangeté est donc de reconnaître qu'il partage cette étrangeté avec tous les hommes et que la réalité humaine, dans sa totalité, souffre de cette distance par rapport à soi et au monde. Le mal qui éprouvait un seul homme devient peste collective. Dans l'épreuve quotidienne qui est la nôtre, la révolte joue le même rôle que le «cogito» dans l'ordre de la pensée: elle est la première évidence. Mais cette évidence tire l'individu de sa solitude. Elle est un lieu commun qui fonde sur tous les hommes la première valeur. Je me révolte, donc nous sommes.

Albert Camus, *L'Homme révolté*, Paris 1951, p. 35–36. © Editions Gallimard

L'Etranger décrit la nudité de l'homme en face de l'absurde. *La Peste*, l'équivalence profonde des points de vue individuels en face du même absurde. C'est un progrès qui se précisera dans d'autres œuvres. Mais, en plus, *La Peste* démontre que l'absurde *n'apprend rien*. C'est le progrès définitif.

Albert Camus, *Carnets II* (1942–1948), Paris 1962, p. 36. © Editions Gallimard

S'il y a évolution de *L'Etranger* à *La Peste*, elle s'est faite dans le sens de la solidarité et de la participation.

Albert Camus, Lettre à Roland Barthes sur *La Peste*. Dans: Roger Quilliot, *Albert Camus. Théâtre, récits, nouvelles*, Paris 1962. © Editions Gallimard

2. *L'arrière-plan historique*

Vous n'avez jamais cru au sens de ce monde et vous en avez tiré l'idée que tout était équivalent et que le bien et le mal se définissaient selon qu'on le voulait. Vous avez supposé qu'en l'absence de toute morale humaine ou divine les seules valeurs étaient celles qui régissaient le monde animal, c'est-à-dire la violence et la ruse. [...]

Moi, refusant d'admettre ce désespoir et ce monde torturé, je voulais seulement que les hommes retrouvent leur solidarité pour entrer en lutte contre un destin révoltant. [...]

Je continue à croire que ce monde n'a pas de sens supérieur. Mais je sais que quelque chose en lui a du sens et c'est l'homme, parce qu'il est le seul être à exiger d'en avoir. Ce monde a du moins la vérité de l'homme et notre tâche est de lui donner des raisons contre le destin lui-même. Et il n'a pas d'autres raisons que l'homme et c'est celui-ci qu'il faut sauver si l'on veut sauver l'idée qu'on se fait de la vie. [...]

Dans cette nuit d'Europe où courent les souffles de l'été, des millions d'hommes armés ou désarmés se préparent au combat. L'aube va poindre où vous serez vaincus. Je sais que le ciel qui fut indifférent à vos atroces victoires le sera encore à votre juste défaite. Aujourd'hui encore, je n'attends rien de lui. Mais nous aurons du moins contribué à sauver la créature de la solitude où vous vouliez la mettre. Pour avoir dédaigné cette fidélité à l'homme, c'est vous qui, par milliers, allez mourir solitaires. Maintenant je puis vous dire adieu.

Juillet 1944

Albert Camus, *Lettres à un ami allemand,* Paris 1945, p. 240–241 et 243.

Controverses autour de *La Peste*

3. La Peste, *roman porteur d'une éthique chrétienne?*

Les doctrinaires et les militants qui font l'histoire sont durs; leur foi et leur espoir les rendent parfois impitoyables. Dans leur passion de transcendance, ils apprennent à haïr la nature et à détester les hommes. L'expérience de la guerre et de la Résistance a eu sur Camus l'effet inverse: dans le malheur commun que faire sinon s'aimer? Ce thème est au centre de *La Peste,* roman commencé en 1942, publié en 1947, et qui est sans doute le plus beau livre de Camus. La «rédemption» de ce solitaire révolté et plein de ressentiment qu'est Tarrou résulte d'une pitié qui s'élargira bientôt en générosité, en sacrifice de soi. Il y a donc une issue à l'absurde [...]. Tout en restant dans les strictes limites d'un humanisme athée, Camus retrouve des conduites qui sont celles de la Charité. «Il n'y a pas de honte à être heureux» déclarait le Camus jouisseur des années trente; «Il peut y avoir de la honte à être heureux tout seul» avoue Rambert après que la peste lui a révélé un égoïsme dont il n'avait pas d'abord conscience. Il ne s'agit pas là d'un principe, d'une loi morale, mais d'une constatation très positive.

Jean Onimus, *Camus* (Les écrivains devant Dieu), Desclée de Brouwer, Paris 1965, p. 82–83.

4. Le refus de l'engagement dans l'histoire

Non, Camus ne peut pas jouer sur les deux tableaux: avoir fait de la peste une allégorie du mal dans le monde (il le dit en exergue) et la limiter au mystère de la souffrance physique quand il s'agit des enfants. Le vrai scandale, le vrai problème, est le massacre des innocents: que 192 enfants aient été brûlés vifs par les Allemands dans l'église d'Oradour. Le vrai scandale est celui de la violence faite aux enfants par les hommes. [...]

Si Camus, en face d'un monde mauvais et d'une société coupable, se refuse à la voie d'un homme de foi (ou, pour parler clairement, du chrétien), il pourrait tout au moins suivre celle où s'est engagée l'immense majorité du prolétariat européen, pour qui il n'y a de mal que social, d'ennemi que personnifié dans la classe dirigeante, de remède que dans le brisement des structures économiques et politiques. En fait, le seul choix dans la nature du fléau, implique déjà chez Camus un refus de cette seconde voie: car s'il a multiplié, dans sa description, les allusions à l'état de prisonniers et d'opprimés où nous fûmes durant cinq ans, il a transformé la nature et la cause de cette oppression. Car nous savions bien, nous, que nous étions prisonniers d'autres hommes, nos ennemis, et que notre libération viendrait de leur défaite. Mais Oran, elle, est victime des rats, des rats seulement. [...]

Camus proclame son respect absolu de la vie humaine par la voix de Tarrou, militant révolutionnaire désillusionné [...] il condamne l'idée même de la violence à exercer pour que la violence ne mène plus le monde. Et pousse la logique de son raisonnement jusqu'à l'apologie de la non-violence absolue: «C'est pourquoi j'ai décidé de refuser tout ce qui, de près ou de loin, pour de bonnes ou de mauvaises raisons, fait mourir ou justifie qu'on fasse mourir.» Il faut plus de courage qu'on ne pense pour lancer dans notre Occident un message pacifique aussi net. Mais lorsque Camus flâne dans ce Paris où tant d'immeubles portent une modeste plaque en souvenir d'un soldat avec ou sans uniforme tombé pour sa libération, il doit penser que Tarrou n'aurait pas été alors sur les barricades mais dans les équipes de la Croix Rouge. Seulement si tout le monde est en casque blanc et le petit drapeau à la main, qui fera le coup de feu sur les barricades? La seule morale de la Croix Rouge n'est valable que dans un monde où les violences faites à l'homme ne proviendraient plus que des éruptions, des inondations, des criquets ... ou des rats. Et non des hommes.

Bertrand d'Astorg, «De *La Peste* ou d'un nouvel humanisme», dans: *Aspects de la littérature européenne depuis 1945*, Editions du Seuil, Paris 1952, p. 193–195 et 198–199.

5. Le refus de l'engagement social

[...] la lutte de l'homme contre la Nature est à la fois la cause et l'effet d'une autre lutte, aussi vieille et plus impitoyable: la lutte de l'homme contre l'homme. Vous vous révoltiez contre la mort mais, dans les ceintures de fer qui entourent les villes, d'autres hommes se révoltaient contre les conditions sociales qui augmentent le taux de la mortalité. Un enfant mourait, vous accusiez l'absurdité du monde et ce Dieu sourd et aveugle que vous aviez créé pour pouvoir lui cracher à la face; mais le père de l'enfant, s'il était chômeur ou manœuvre, accusait les hommes: il savait bien que l'absurdité de notre condition n'est pas la même à Passy et à Billancourt. Et finalement les hommes lui masquaient presque les microbes: dans les quartiers misérables, les enfants meurent deux fois plus que dans les quartiers aisés et, puisqu'une autre répartition de revenus pourrait les sauver, la moitié des morts, chez les pauvres, paraissent des exécutions capitales dont le microbe n'est que le bourreau.

Jean-Paul Sartre, *Situations IV*, Gallimard, Paris 1964, p. 118–119.

6. Un roman de la solitude

Point de structure à *La Peste*, point de cause, point de liaison entre *La Peste* et un ailleurs qui pourrait être le passé et d'autres lieux et d'autres faits, en un mot, *point de mise en rapport* ... On ne sait rien d'elle sinon qu'elle *est*; on ignore et son origine et sa forme ... Le fléau est presque un test expérimental qui nous permet de voir réagir une humanité moyenne, nullement héroïque, douée dans le meilleur des cas d'une vertu de moraliste, plus que de théologien: la bonne volonté ... Le monde de Camus est un monde d'amis, non de militants. Les hommes de Camus ne peuvent s'empêcher d'être bourreaux ou complices des bourreaux qu'en acceptant d'être seuls, et ils le sont. De même, *La Peste* a commencé pour son auteur une carrière de solitude; l'œuvre, née d'une conscience de l'Histoire n'y va point pourtant chercher d'évidence et préfère dériver la lucidité en morale.

Roland Barthes, «*La Peste,* Annales d'une épidémie ou roman de la solitude?», *Club*, revue du Club du meilleur livre, février 1955, p. 6.

7. *Lettre à Roland Barthes sur* La Peste

Monsieur Roland Barthes
Paris.

Paris, le 11 janvier 1955.

Cher Monsieur,

Si séduisant qu'il puisse paraître, il m'est difficile de partager votre point de vue sur *La Peste*. Bien entendu, tous les commentaires sont légitimes, dans la critique de bonne foi, et il est en même temps possible et significatif de s'aventurer aussi loin que vous le faites. Mais il me semble qu'il y a dans toute œuvre des évidences dont l'auteur a le droit de se réclamer pour indiquer au moins dans quelles limites le commentaire peut se déployer. Affirmer par exemple que *La Peste* fonde une morale antihistorique et une politique de solitude, c'est d'abord se vouer, selon moi, à quelques contradictions et surtout dépasser quelques évidences dont je résumerai ici les principales:

1° *La Peste*, dont j'ai voulu qu'elle se lise sur plusieurs portées, a cependant comme contenu évident la lutte de la résistance européenne contre le nazisme. La preuve en est que cet ennemi qui n'est pas nommé, tout le monde l'a reconnu, et dans tous les pays d'Europe. Ajoutons qu'un long passage de *La Peste* a été publié sous l'occupation dans un recueil de combat et que cette circonstance à elle seule justifierait la transposition que j'ai opérée. *La Peste*, dans un sens, est plus qu'une chronique de la résistance. Mais assurément, elle n'est pas moins.

2° Comparée à *L'Etranger, La Peste* marque sans discussion possible le passage d'une attitude de révolte solitaire à la reconnaissance d'une communauté dont il faut partager les luttes. S'il y a évolution de *L'Etranger* à *La Peste*, elle s'est faite dans le sens de la solidarité et de la participation.

3° Le thème de la séparation, dont vous dites très bien l'importance dans le livre, est à ce sujet très éclairant. Rambert, qui incarne ce thème, renonce justement à la vie privée pour rejoindre le combat collectif. Entre parenthèses, ce seul personnage montre ce que peut avoir de factice l'opposition entre l'ami et le militant. Car une vertu est commune aux deux qui est la fraternité active, dont aucune histoire, finalement, ne s'est jamais passée.

4° *La Peste* se termine, de surcroît, par l'annonce et l'acceptation des luttes à venir. Elle est un témoignage de «ce qu'il avait fallu accomplir et que sans doute (les hommes) devraient encore accomplir contre la terreur et son arme inlassable, malgré leurs déchirements personnels ...» [...]

La question que vous posez en tout cas, «Que feraient les combattants de *La Peste* devant le visage trop humain du fléau?» est injuste en ce sens qu'elle doit être écrite au passé et qu'alors elle a déjà reçu sa réponse, qui est positive. Ce que ces combattants, dont j'ai traduit un peu de l'expérience, ont fait, ils l'ont fait justement contre des hommes, et à un prix que vous connaissez. Ils le referont sans doute, devant toute terreur et quel que soit son visage, car la terreur en a plusieurs, ce qui justifie encore que je n'en aie nommé précisément aucun, pour pouvoir mieux les frapper tous. Sans doute est-ce là ce qu'on me reproche, que *La Peste* puisse servir à toutes les résistances contre toutes les tyrannies. Mais on ne peut me le reprocher, on ne peut surtout m'accuser de refuser l'histoire, qu'à condition de déclarer que la seule manière d'entrer dans l'histoire est de légitimer une tyrannie. Ce n'est pas votre cas, je le sais; quant à moi, je pousse la perversité jusqu'à penser que se résigner à une telle idée revient en réalité à accepter la solitude humaine. Et loin de me sentir installé dans une carrière de solitude, j'ai au contraire le sentiment de vivre par et pour une communauté que rien jusqu'ici n'a jamais pu entamer dans l'histoire.

Voilà, trop succinctement, ce que je tenais à vous dire. Je voudrais seulement vous assurer pour finir que cette discussion amicale n'enlève rien à l'estime que j'ai pour votre talent et votre personne.

Albert Camus

Albert Camus, Lettre à Roland Barthes sur *La Peste*. Dans: Roger Quilliot, *Albert Camus. Théâtre, récits, nouvelles*, Paris 1962, p. 1965–1967.

Le point de vue psychanalytique

8. La Peste *et la personnalité de l'auteur*

La Peste constitue en quelque sorte le catalogue des «parcelles» du Moi de Camus. A cet égard, la version définitive ne permet aucun doute à ce sujet et les quatre personnages principaux reflètent chacun une facette de la personnalité de leur créateur:

- Rieux est le *résistant* obstiné que fut Camus;
- Tarrou est ce fils dont le père assistait aux exécutions capitales, à l'instar de celui de Camus;
- Rambert le *journaliste* est cet *exilé* que la peste sépare de sa femme [...].
- Grand enfin, «Sisyphe de l'écritoire» comme le nomme Morvan Lebesque, illustre le labeur harassant que représenta pour Camus la création de *La Peste*.

Ces quatre aspects de Camus, solidaires les uns des autres, arc-boutés à la limite de l'humain contre le fléau, voilà l'expression de la restructuration du Moi de l'auteur. [...]

En fait, il faut attendre la fin de la chronique pour sentir pleinement la cohérence et du fond, et de la forme. Tout converge alors vers le personnage de Rieux. D'abord nous apprenons que, plus que le personnage principal, il est l'auteur même du récit. A son activité de Résistant, Rieux cumule une intense activité littéraire, à l'instar de Camus qui, à l'époque, publie clandestinement ses premières *Lettres à un ami allemand* ... tout en écrivant *La Peste*. L'identification de Camus au personnage central ne sera jamais aussi évidente qu'ici. Mais plus intéressante encore est l'identification finale de Rieux à «tous les personnages».

Nous ne citerons ici qu'un passage de *La Peste* où Camus met ce projet à exécution:

> «Rieux marchait toujours. A mesure qu'il avançait, la foule grossissait autour de lui, le vacarme s'enflait et il lui semblait que les faubourgs, qu'il voulait atteindre, reculaient d'autant. Peu à peu, il se fondait dans ce grand corps hurlant dont il comprenait de mieux en mieux le cri qui, pour une part au moins, était son cri.»
> «Décidément, il devait parler pour tous.»

«... témoigner en faveur de ces pestiférés» et «laisser du moins un souvenir de l'injustice et de la violence qui leur avait été faites», voilà le modeste dessein qui, de son propre aveu, conduisit Rieux à rédiger *La Peste* – et c'est évidemment celui de Camus-Résistant.

La Peste est ainsi l'expression de cette puissante convergence des pulsions du Moi de l'auteur, convergence exprimée par la solidarité qui anime l'ensemble des «Résistants» et focalisée sur le personnage de Rieux – qui n'est autre que le représentant du nouveau Moi de Camus.

Alain Costes, *Albert Camus ou la parole manquante. Etude psychanalytique*, Payot, Paris 1973, p. 143–145.

PONS
französisch deutsch
deutsch französisch
Kompaktwörterbuch Klett